AF232685
AF232685

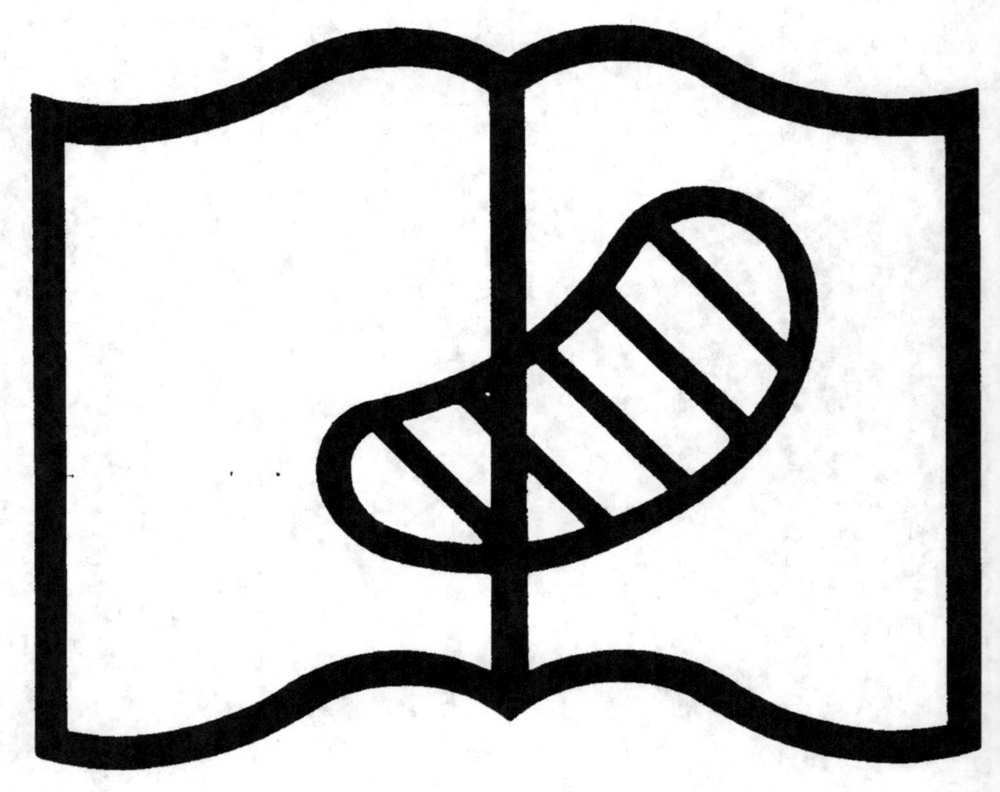

Original illisible

LE NIHILISME EN RUSSIE

Librairie E. DENTU, Éditeur

DU MÊME AUTEUR

AVENTURES D'UN HOMME ET DE TROIS FEMMES.
1 vol. 3

CHASTE ET INFÂME. 3e édit. 1 vol. 7

PAR ORDRE DE L'EMPEREUR. 2 vol. 6

LES VIVEURS D'HIER. 1 vol. 3

LES GRANDES RIVALITÉS : L'EMPIRE DE RUSSIE
ET L'EMPIRE D'ALLEMAGNE. Broch grand in-8. 1

Paris, imp. Balitout, Questroy et Cⁱᵉ, 7, rue Baillif.

LE NIHILISME

EN RUSSIE

PAR

LE PRINCE J. LUBOMIRSKI

PARIS

E. DENTU, LIBRAIRE-ÉDITEUR

PALAIS-ROYAL, 15-17-19, GALERIE D'ORLÉANS

—

1879

LE NIHILISME

EN RUSSIE

I

D'abord, qu'est-ce que le nihilisme ?

Un mot complétement inconnu sous le règne de Nicolas Iᵉʳ: formé au commencement du règne actuel dans le cerveau farci de latin d'un étudiant qui, après avoir achevé brillamment ses études classiques, s'est vu aux prises avec la faim, en face des portes de toutes les administrations inexorablement fermées. Ce mot, devenu la formule de quelques mécontents, fut admis dans le dictionnaire politique, au jour de l'émancipation des castes.

Les inventeurs du nihilisme avaient donné à leur formule une signification qui n'a pas changé depuis; seulement l'idée première s'est élargie avec le cercle des adeptes. Les premiers nihilistes, en assurant qu'il n'y avait rien (nihil) de respectable dans les lois sur lesquelles reposait la société russe depuis des siècles, s'attaquaient à l'omnipotence du Tzar, à la théocratie déguisée qu'ils prétendaient être la base du gouvernement, à la distinction des castes, aux priviléges de la noblesse. A ce moment, ils avaient en quelque sorte le nouveau gouvernement sinon pour complice, du moins pour auxiliaire. Avec une noblesse de sentiment et une énergie d'action admirée de tout l'univers, Sa Majesté Alexandre II a transformé son empire en vingt ans, et l'Europe fut stupéfaite d'assister, sans sentir aucune secousse, à l'immense révolution légale qui s'accomplissait en Russie. Aujourd'hui, que la révolution est terminée, la secousse se fait sentir, et, pour s'être laissé attendre, elle n'en est pas moins violente. Les nihilistes d'aujourd'hui sont, si je puis m'exprimer ainsi, la queue, malheureusement trop allongée, de ceux qui avant 1861 demandèrent, faute de rêver autre chose, des réformes relativement raisonnables. Stupéfaits d'obtenir, avant même d'avoir entièrement développé leurs doctrines, tout ce qu'ils pouvaient exiger en vue de l'amélioration de l'état social du plus grand nombre, ils constatèrent simultanément que leur état individuel n'en était pas changé pour cela. Impuissants à comprendre qu'une

société constituée ne peut, sans déran-
ger son équilibre, donner de place aux
rêveurs, aux fainéants et aux envieux,
ils se retrouvèrent à l'apogée de la révolution, tout aussi mécontents qu'ils
étaient à son début, et continuèrent
leurs braillements, croyant, les insensés,
que c'étaient eux qu'on avait écoutés en
exécutant les réformes. Or, dans les
commencements, le braillement parut
inoffensif. En effet, ne sachant que dire,
ils anathématisaient tout. La Russie ne
leur suffisait plus, ils voulaient troubler
l'harmonie générale.

Société, religion, loi, rien n'existait

pour eux, et développant jusqu'à l'infini leur monstrueuse doctrine, ils niaient l'existence réelle des sentiments et des attributs humains : parole, conscience, souffrance, etc.

« La souffrance se dompte par la mort, disaient-ils ; supposons que la mort de la matière entraîne l'anéantissement de l'âme, qu'il n'y ait rien après ; que la résurrection, l'immortalité, les récompenses et les punitions éternelles soient des fables enfantées par l'imagination des hommes, quoi de plus simple que de se guérir de la souffrance ? Une goutte d'acide prussique suffit. Le

malade va chez un pharmacien (qui lui
donne — ne le lui vend pas) assez d'élé-
ment destructeur pour arriver à l'anéantissement. C'est l'Etat qui, dans une
société bien organisée, se charge de la
construction d'immenses usines des-
tinées à la fabrication de l'acide prussique (ou d'un poison plus violent dé-
couvert par la science poussée vers
son but). »

« La conscience est une affaire d'éducation.

« Un chrétien, domicilié en Europe,
qui commettrait un assassinat avec
guet-apens et préméditation, en éprou-

verait un remords éternel ; homme de chair et d'os comme lui, un Indien des lacs intérieurs de l'Amérique se réjouira, au contraire, dans son for intérieur, d'avoir surpris un ennemi sans défense. Sa conscience ne souffrira nullement de son action, car on lui aura appris dès son jeune âge que, plus il apportera de chevelures, mieux il sera reçu au territoire de chasse du grand Manitou. »

La parole :

« On ne peut rien créer, on ne peut donner de nom à rien. Les dénominations ne sauraient être faites à priori, mais par expérience ; or, comme les hommes qui ont inventé les langues parlées avaient moins de culture et partant moins d'expérience que ceux qui vivent à présent, leurs dénominations ne signifient rien ; les mots servent d'enveloppe à la pensée humaine ; la pensée humaine s'est fourvoyée aussi ; les mots n'ayant pas de sens, aucune délimitation définitive ne peut exister entre le bien et le mal, qui ne sont que des mots. »

Les déductions abondent : qu'est-ce qu'un crime ? où est le bien et le mal ? Le Dieu auquel on croit n'est-il pas dit

que la terre était une vallée de larmes?
n'est-ce pas un bien que d'en délivrer
son prochain, et par conséquent de l'as-
sassiner, etc., etc. ? Il y a dans les élu-
cubrations des nihilistes des pensées
tellement monstrueuses que nous hési-
tons presque à les faire connaître : un
seul exemple suffira pour terminer ces
citations, qui, nous l'avouons, pèsent à
notre plume.

« Pourquoi un mari chrétien, un père
rempli d'amour filial, ne demanderaient-
ils pas au prêtre d'empoisonner l'hostie
sainte, pour l'administrer après l'abso-
lution à l'objet de leur affection, et pour

quoi le prêtre se refuserait-il à envoyer une âme en état de grâce jouir éternellement des félicités du paradis? »

L'absurdité de la doctrine fut malheureusement la première cause de son développement en Russie. Dans le principe, rien n'était aussi facile que d'écraser un groupe de mécontents, qui se délectaient, après avoir lu quelques livres défendus et quelques vers séditieux manuscrits, à écouter dans les quartiers suburbains de Saint-Pétersbourg les explications des rêves malsains de deux ou trois aliénés. On ne voulut pas sévir.

En vérité la clémence de Sa Majesté

l'Empereur avait fort à faire. Au moment où l'unique ambition du gouvernement était de donner une liberté raisonnée au peuple, il fallait déjà songer à réprimer la licence : licence en Pologne, où quelques esprits surexcités par des influences étrangères avaient fait éclater une révolution impossible ; licence parmi les employés chargés de régler la grande question de l'émancipation des serfs ; licence, enfin, en Russie, parmi les sectes religieuses. Depuis un temps immémorial, les Russes sont rêveurs et se complaisent dans la vie factice. Poussés, comme tous les orientaux, vers le fanatisme religieux, leur imagination réussit à trouver, même dans la religion chrétienne, des lacunes. De là, formation de nombreuses sectes qui, par des adaptations erronées de quelques versets de la Bible ou de l'Évangile, en ont dénaturé le texte.

Occupé à réprimer les complots des Polonais, les agissements des médiateurs et les turpitudes des Skoptzis, Khlistis, Pèlerins et autres sectes, le gouvernement ne voulut pas inquiéter les nihilistes. Ces hommes débraillés, déclamant de mauvais vers, ces femmes savantes qui se faisaient couper les che-

2

veux ras pour se distinguer des igno-
rantes, ces conciliabules patibulaires
où l'on se rassasiait d'utopies, faute d'al-
cool, semblaient peu dangereux. On
laissa faire. Mais derrière ces rêveurs
illuminés il se forma peu à peu un
groupe de penseurs. Des déclamations
et des objurgations, les premiers nihilistes passèrent aux invectives. Le gouvernement, toujours dédaigneux, se bou-
cha les oreilles en haussant les épaules ;
mais quelques ambitions s'éveillèrent au
bruit. Des hommes nouveaux se firent
initier, réussirent à avoir de l'influence
et finirent par diriger le mouvement.

Dès lors le danger devint réel. La doctrine, sans se modifier, se transforma.
Le mot d'ordre fut toujours « nihil »,
mais il devint une négation moins ab-
surde, moins générale, plus raisonnée,
plus pernicieuse. Ce n'est plus l'existence des choses que l'on se mit à nier,
ce fut la raison d'être des institutions
humaines. En appuyant leurs paradoxes
sur une logique spécieuse, les nouveaux
venus donnèrent aux rêvasseries de leurs
prédécesseurs une enveloppe moins
idéale et élaborèrent un programme.
Bientôt un noyau de prosélytes se groupa
autour d'eux. Ceux-là avaient voyagé,

grâce à la facilité des communications, qui, encore très-restreinte à l'intérieur, est grande avec l'étranger; après avoir comparé ce qu'ils avaient vu en France et en Allemagne à ce qui se passait en Russie, ils crurent s'apercevoir de la faiblesse du gouvernement et se persuadèrent que l'exécution du programme était facile. Des invectives ils passèrent aux voies de fait.

Or leur programme est de démolir tout ce qui existe. Ils ne songent pas à créer une nouvelle société, ils veulent détruire l'ancienne. « Après nous, disent-ils, viendront d'autres hommes, avec des vues plus justes : ayant à travailler une œuvre commencée, leurs mains seront plus habiles que les nôtres ; ceux-là bâtiront, nous, démolissons ! » Ils s'intitulent eux-mêmes les démolisseurs et les précurseurs, et professent une sorte de messianisme collectif. Ce n'est pas la venue d'un homme qu'ils attendent, c'est celle d'une génération ; ils travaillent pour elle.

« Rien n'est respectable dans la société, pour la simple raison que nos pères l'ont fondée. Si nous sommes encore à ignorer le juste milieu entre le bien et le mal, comment nos ancêtres, moins éclairés que nous, pouvaient-ils le connaître ? Sur la terre *le mal vient, le bien provient* » (ici des exemples sans nombre et quelques vieilles rengaines basées, malheureusement, sur des semblants de logique). « Un philosophe allemand a dit : Toute loi est bonne ; elle régit des individus se connaissant, se voyant, se palpant, appréciant leurs besoins respectifs ; toute religion est inutile : réglant nos relations avec un Etre incommensurable et infini, elle ne peut avoir pour base qu'une imagination exaltée ou une effroyable peur !

Nous, les nihilistes, nous disons : »

loi, ni religion ! nihil ! Les mêmes hommes qui ont statué sur les actions de leurs prochains ont vécu et sont morts dans l'ignorance absolue de leur propre valeur, sans savoir s'ils avaient bien ou mal rempli le rôle qui leur fut tracé par la destinée, au moment de la création ! Supposons même que nos ancêtres eussent bien réglé leurs relations respectives : s'ensuit-il que les besoins d'alors étaient pareils à ceux d'aujourd'hui ? Evidemment non ! Qu'elle soit déchirée, la chemise collée à nos épaules ! elle gêne nos mouvements, car elle n'est pas faite à notre taille ! A nous la cognée ! Démolissons ! Ceux qui viendront après nous sauront rebâtir un édifice aussi solide que celui que nous sentons chanceler au-dessus de nos têtes. » (Extrait d'un discours imprimé).

Le programme tracé a été suivi ; on a agi sur l'esprit des auditeurs, puis on a semé, à l'aide des presses clandestines, des écrits incendiaires jusque dans les campagnes.

Aujourd'hui, après avoir épuisé la parole et l'écriture, on se croit assez fort pour en venir à l'action.

Le bras des assassins et des incendiaires n'est pas dirigé par un sentiment de haine ou de vengeance. Ils savent très-bien qu'un empereur tué sera remplacé par un autre, qui nommera, comme son prédécesseur, des chefs de police et de troisième section. Les nihilistes donnent pour raison à leurs attentats la nécessité d'extirper chez les hommes le respect routinier des choses établies. Plus les attentats contre le Tsar et les fonctionnaires se multiplieront, mieux on comprendra l'absurdité de la vénération qu'on leur avait vouée depuis des siècles.

« Quand il sera évident qu'on n'est pas plus châtié pour avoir assassiné son souverain que son camarade (les exécutions à la Damiens n'étant plus possibles), on comprendra qu'il est aussi légal de tuer un homme coupable d'abus de pouvoir que celui qui, pour assouvir sa faim, a commis un meurtre.

» La société actuelle, toute gangrenée qu'elle est, a compris si bien cela que, dans toutes les législations, le régicide a été assimilé à l'homicide simple. Puis, combien d'attentats, d'incendies, de meurtres resteront impunis! Quand on verra les auteurs de ces soi-disant crimes jouir parmi nous de la considération (ce hochet indispensable à la bêtise humaine), tout sera dit. La vieille société aura vécu! Sur ses décombres, les misérables se donneront la main, et les vrais disciples du Christ, ce grand nihiliste, souriront, se souvenant de la parabole du pauvre couché sur le sein d'Abraham, refusant une goutte d'eau au riche! *Tu as eu ton temps! le mien est arrivé!*... Alors viendra une génération jeune, généreuse, pure de toute routine, une nouvelle aurore luira sur la terre, et tout le monde sera heureux jusqu'au moment où l'abus, comme l'oiseau phénix, renaîtra de ses cendres. Les enfants de nos enfants recom-

menceront notre tâche ; les abus à venir seront moins monstrueux que ceux que nous déplorons maintenant, comme ceux attaqués par nous sont moins odieux, il faut l'avouer, que les abus supportés par nos ancêtres. Et, de lutte en lutte, la société humaine, après des siècles de combats, arrivera à la perfection, et deviendra elle-même ce que vous appelez Dieu ! Aux armes ! frères ! suivez-moi à la conquête de la divinité. »
(Extrait d'un discours.)

Le nihilisme est devenu, à l'heure où nous écrivons, une branche du socialisme, fléau de l'Europe, greffée sur

une sorte de philosophisme extatique allemand qui a trouvé un excellent terrain dans l'imagination des Russes. Le
matérialisme pur n'aurait pas réuni d'a-
deptes. Pour réussir, il a fallu l'enve-
lopper d'une robe de fantôme. Dès ce
jour, tous les mécontents sont devenus
ses sectaires. Les nihilistes, à notre
sens, sont des socialistes hallucinés.

II

Quels sont les mécontents?

Avant l'émancipation des serfs, la société russe reposait sur le système des castes, qui, à leur tour, étaient subdivisées ; la ligne de démarcation entre chaque caste était large et bien tracée : les subdivisions (1) étaient séparées par

(1) Je ne parle que des subdivisions consi-

d'autres lignes qui parfois, pour être moins visibles, n'en étaient pas moins profondes.

Les principales castes étaient : les nobles, les bourgeois, les marchands, les prêtres et les serfs. On peut à la rigueur, quoique illégalement, y ajouter les guerriers, car l'armée formait de fait, sinon de droit, une caste à part.

Les nobles se subdivisaient en grande et petite noblesse, noblesse héréditaire et noblesse acquise. Ici, la séparation était réelle, très-accentuée.

dérables, l'énumération serait trop longue si l'on voulait descendre aux détails.

Les bourgeois se subdivisaient en bourgeois des villes et bourgeois des campagnes, les marchands en trois guildes (1), le clergé, en clergé noir ou moines, en clergé blanc ou séculier (2), les paysans, en serfs de la couronne et serfs des particuliers (3), l'armée avait sa subdivision, la garde et la ligne (4).

Enfin, à tout cela s'ajoutait encore une autre fraction de la société qui,

(1) Subdivision insignifiante.
(2) Subdivision plus réelle.
(3) Subdivision insignifiante.
(4) Subdivison réelle.

sans avoir assez de consistance pour se former en caste, n'en n'avait pas moins une organisation séparée : les fonctionnaires civils de l'État. C'était une carrière dont la porte était ouverte à deux battants à la noblesse, mais où les fils des prêtres et des bourgeois pouvaient se faufiler parfois (1).

Tout individu appartenant à chacune de ces castes avait ses droits et ses devoirs parfaitement définis. Les plus grands droits appartenaient à la no-

(1) En quittant, après un temps donné, le service, ces fonctionnaires obtenaient la noblesse non héréditaire.

blesse ; ses charges n'étaient toutefois pas minces ; il y avait presque compensation. Les droits et les devoirs des bourgeois et des marchands étaient insignifiants. Méprisés, peut-être méprisables, ils prospéraient en végétant, sans être utiles à l'État, sans supporter aucune charge, mais sans jouir d'aucun privilége, à l'instar des chrétiens de la Turquie. Le clergé séculier surtout, — car les moines ont réussi, en Russie, à s'assimiler aux classes privilégiées, — n'était pas mieux partagé. C'était une défectuosité de l'ancienne organisation russe ; c'est peut-être une des causes principales du développement du nihilisme. Quant aux serfs, ils supportaient toutes les charges de l'État; et leur unique droit, c'était de ne pas mourir de faim. Toutefois, ce droit n'était pas illusoire : les seigneurs étaient obligés de nourrir leurs esclaves. L'échafaudage de la société russe, très-mal édifié, se maintenait encore, mais chancelait à tous les étages. Il fallait le rétablir sur une base solide. Alexandre II l'entreprit et l'exécuta.

Aujourd'hui tous les Russes sont égaux devant la loi : les priviléges des castes sont amoindris en attendant qu'on les abolisse tout à fait. Cela veut-il dire que les lignes de démarcation, si visibles encore en 1860, soient effacées? Nous sommes obligé d'affirmer le contraire. L'ordre des choses, totalement modifié en droit, est demeuré le même en fait.

Qu'on nous pardonne une expression triviale : on ne fait pas d'omelette sans casser des œufs ; pour avoir été étonnamment pacifique, la transformation de la Russie n'en a pas moins troublé quelques esprits : une génération ne suffit pas à faire changer à tout une nation sa vie quotidienne. Les réformes, en améliorant le sort du plus grand nombre, ont fait quelques mécontents, et, qui pis est, ont ouvert des horizons à des ambitions endormies. Ces ambitions (impossibles à satisfaire, nous le constatons) furent déçues. On ne s'en préoccupa même pas.

Le gouvernement russe, habitué à voir tout plier devant lui, a toujours considéré le droit de le servir comme une grande faveur. Ce n'est pas sa sévérité, — le gouvernement est beaucoup plus paternel qu'on ne le croit en France, — ce sont ses dédains qui lui ont valu des ennemis. Nous ne connaissons pas de gouvernement plus dédaigneux. Il est très-rare, même aujourd'hui, qu'un homme arrive à faire partie du rouage administratif par son mérite : il lui faut des droits spéciaux : le tchinn, invention chinoise s'il en fut, le service préparatoire dans des bureaux, et, quoi qu'on en dise, le secours d'une certaine naissance ou plutôt d'une certaine tradition. La Russie n'est pas encore la patrie des gens nouveaux. Les ambitions cruellement déçues formèrent un groupe murmurant : ce fut le germe.

Les premiers mécontents se recrutèrent parmi les étudiants des trois castes moyennes, qui, après avoir achevé des études, trop classiques à notre sens, dans des établissements dont ils avaient jadis été exclus, s'imaginaient, comme nous l'avons dit plus haut, que les portes des bureaux de l'État leur seraient ouvertes. Il n'en fut rien ; la réforme était trop jeune encore, et tout marchait selon l'impulsion de la force acquise. Les nobles, anciens fonctionnaires, solidement établis partout, continuèrent, sans aucune préméditation d'ailleurs, à protéger ceux de leur caste. Les étudiants évincés voulurent diriger leur activité vers les carrières libérales. Ici encore ils se heurtèrent à un obstacle. Les nouvelles institutions ne fonctionnaient qu'imparfaitement. Les bienfaisantes lois, tribunaux réguliers, liberté de la presse et de la défense, venaient d'être promulguées. Une génération d'hommes, magistrats, avocats, littérateurs, avaient surgi. Mais il y avait plus de juges que de causes, plus d'avocats que de clients, plus d'écrivains que de lecteurs. Les places, là aussi, étaient prises. Les étudiants poussèrent un cri de détresse. Ce cri fut entendu du gouvernement. Pour être dédaigneux, le gouvernement n'est pas cruel. On essaya d'obvier à l'inconvénient, de secourir ces quelques malheureux, car, dans le début, les mécontents n'étaient pas nombreux. Des commissions furent établies, des établissements créés. Les membres des commissions discutèrent, les établissements ne prospérèrent pas. Ce n'était plus le pain qu'il fallait à ces déclassés, c'était un avenir.

Cependant le temps marchait. A chaque examen des universités et des lycées, le groupe des mécontents était renforcé par de nouveaux arrivants.

Dans les bureaux de l'État, en revanche, tout restait stationnaire ; toujours le même système de protection, du tchinn, des traditions.

Ce fut à ce moment que le braillement des quelques abonnés aux journaux de Hertzen et d'Ogareff, déjà grossi par les voix des partisans de Carl Marx et de Bakounine, devint assez distinct pour être entendu par les étudiants des classes moyennes. La formule «Nihil», aussitôt entendue, fut acceptée par eux. Plus instruits et moins hallucinés, ils rêvèrent dès le début de la modifier au profit de leur ambition. La fusion de ces deux éléments si disparates s'opéra au vu et au su de tout le monde. Le gouvernement ne fut pas des derniers à s'en apercevoir. Dès ce jour il abandonna les étudiants et ne s'en préoccupa plus, les confondant avec les illuminés.

Si, à notre sens, on a eu raison de les abandonner à leur sort, on a peut-être manqué de prévoyance en ne sévissant pas. Le contingent d'une jeunesse instruite acquis à une idée doit donner à réfléchir. La répression n'eût-elle pas été juste, légale, du jour où des gens protégés, quoique insuffisamment, par la loi, se mettaient en révolte ouverte contre elle? Les étudiants méritaient un châtiment, et peut-être le gouvernement a-t-il eu tort de temporiser à ce moment.

Quoi qu'il en soit, voici le premier noyau formé.

Pour faciliter le travail de ceux qui devaient statuer sur l'état des serfs nouvellement émancipés, on avait, en ce temps-là, fractionné les districts, déjà si nombreux, de la Russie. Le district, dixième partie (à peu près) d'un gouvernement, fut partagé en plusieurs cantons, en vue de l'émancipation. Dans chacun de ces cantons, un employé spécialement nommé à cet effet devait établir le partage de la terre entre le seigneur ex-propriétaire exclusif et le paysan nouveau copropriétaire. La réunion de ces employés, nommés médiateurs de paix ou pacifiques, dans le chef-lieu du district, formait l'assemblée de paix. Sans être omnipotents individuellement, les médiateurs, dans quelques gouvernements surtout, l'étaient devenus *ex cathedra*, c'est-à-dire de l'assemblée.

Il y avait bien dans chaque district une section de contrôle et dans chaque gouvernement un tribunal de paix ;

mais ces réformateurs officiels, envoyés des pays éloignés, tous choisis dans le même milieu, avaient tous les mêmes tendances. En effet, pour trouver du jour au lendemain plusieurs milliers d'employés aptes à une tâche aussi ardue que celle du partage de la terre entre les seigneurs et les ex-serfs, intelligents, impartiaux et probes, il aurait fallu vider tous les bureaux de l'État. On se vit forcé de chercher ces auxiliaires parmi les hommes indépendants.

Puis, de crainte de spolier les paysans, et par là d'augmenter le paupérisme, on a cru nécessaire, dans la plupart des provinces, de nommer à ces emplois des hommes désintéressés. Les nobles, tous propriétaires fonciers, ne répondaient pas à la condition de désintéressement. On avait essayé en principe, en donnant à quelques gentilshommes pauvres des traitements considérables, de passer outre, mais l'expérience a démontré qu'il valait mieux recruter les médiateurs parmi les hommes connus alors sous la dénomination *d'avancés* : gentilshommes sans terre, fils de prêtres, de marchands et de bourgeois, officiers en retraite ou en disponibilité, gens libéraux s'il en fut.

Le partage des terres dura plusieurs années.

Dans de nombreuses provinces, la partialité des médiateurs pour les paysans devint tellement évidente que le gouvernement se vit obligé de restreindre leurs prérogatives. Quelques-uns de ces employés de hasard furent révoqués. Ceux-là, naturellement, grossirent le groupe des mécontents. Mais, parmi ceux même qui étaient restés en place, l'esprit d'opposition pénétra. Leur libéralisme, exalté par la mission de combattre un vieil abus, vit partout des abus et devint peu à peu subversif.

Sur ces entrefaites, l'œuvre, quoique lentement élaborée, touchait à sa fin. Malgré tous les atermoiements, il fallait bien terminer le partage. Le jour où tout fut fait, le gouvernement se trouva en présence d'une armée d'employés sans place.

Une autre réforme, l'installation des tribunaux réguliers, marchait parallèlement avec l'émancipation ; toutefois, commencée plus tard, elle n'était pas encore achevée. On tria les médiateurs et on fit entrer les plus capables dans la magistrature. Cette mesure resta sans effet. Ceux qu'on avait écartés murmurèrent; ceux à qui on avait donné des places de juges et de procureurs trouvèrent la compensation insuffisante. Dans leur naïf orgueil, ils s'étaient imaginé que, principaux ouvriers de la libération des serfs, ils avaient assez mérité du gouvernement pour rester dans son giron. C'était déraisonnable; mais, au lieu de les calmer, on les aigrit en se moquant d'eux. Quelques-uns, peu nombreux, il est vrai, refusèrent d'entrer dans la magistrature; d'autres, mieux avisés, acceptèrent. Ceux-là prirent possession de leurs siéges avec une répugnance visible. Leur situation nouvelle était, il faut l'avouer, moindre que celle occupée par eux accidentellement. Diminution de pouvoir, de prérogatives, de traitement, d'indépendance. Les médiateurs apportèrent dans la magistrature un esprit de révolte qui se fait sentir aujourd'hui.

Tel a été le deuxième appoint du nihilisme.

Voici donc les rêveurs, déjà renforcés par les doctrinaires et les étudiants sans avenir, en mesure de recruter des employés sans place et pouvant compter sur l'indulgence calculée de la magistrature. On n'était déjà plus au temps où un personnage en fonction disait :

— Ce matin j'ai causé avec un nihiliste, c'est un drôle d'oiseau ! Quel dommage qu'il soit rare ! Mon nihiliste m'a prodigieusement amusé.

Le gouvernement devenait attentif, sans pour cela songer à s'émouvoir. Tout en surveillant les conciliabules de plus en plus fréquents ; tout en censurant les écrits, de plus en plus séditieux, il ne voulait pas sévir, et, quand l'obligation s'en présentait, il sévissait à contre-cœur.

Cependant les réformes s'acclimataient : l'émancipation était achevée, les tribunaux réguliers fonctionnaient, l'instruction publique augmentait dans des proportions sérieuses ; seule la routine des bureaux résistait avec énergie et ne cédait que pas à pas.

Les étudiants des classes moyennes, rarement admis dans l'administration, voyaient s'ouvrir devant eux des carrières libérales. Les causes, plus fréquentes, exigèrent des avocats ; les journaux, ayant des lecteurs plus nombreux, demandèrent des rédacteurs. Les nouvelles générations universitaires, moins déclassées, mais tout aussi mécontentes que les premières, devinrent plus dangereuses ; mettant au service de l'opposition leurs capacités, les étudiants lui apportèrent l'appui de la presse et de la publicité.

Ce fut en ce moment que l'émancipation des serfs commença à porter ses fruits. Cette réforme, glorieuse entre toutes, que l'on croyait si difficile à établir, était non-seulement terminée, mais adoptée. L'esclavage avait vécu en Russie. Et tout à coup on se trouva en face d'une fraction de la société dont on avait, jusque-là, à peine soupçonné l'existence : la très-petite noblesse.

Les propriétaires de quelques serfs

vivaient jadis du travail de leurs esclaves, qui, en s'ajoutant aux appointements reçus dans les bureaux de l'État, — où ils étaient, comme nous l'avons dit plus haut, presque exclusivement admis, — leur donnait une certaine aisance.

Or, dans les dernières années, ces deux ressources leur manquèrent à la fois. L'admission des nobles, de préférence aux autres, dura le temps du travail préparatoire de l'émancipation. Les vieilles idées étaient refoulées lentement, mais le refoulement s'opérait. De 1860 à 1870, les petits propriétaires vécurent tant bien que mal de leurs appointements ; mais il a fallu, comme nous l'avons expliqué, placer les médiateurs ; puis l'esprit de réforme fit qu'on accepta quelques bourgeois ou marchands : en 1876, les villes étaient pleines de hobereaux absolument prolétaires. Inhabiles à faire fructifier le lopin de terre qui leur était resté en partage, écartés des administrations, qui avaient été autrefois leur ressource héréditaire, ils se lancèrent dans l'opposition. Ce fut le dernier appoint. L'armée se trouva organisée : les nihilistes doctrinaires seront placés en avant-garde, les classes moyennes formeront le corps principal, la petite noblesse servira de réserve. Comme moyen de propagande on avait la presse et les placards, on trouvait un appui dans la magistrature, et on compta avec la faiblesse du gouvernement. L'opposition leva la tête, croyant que l'heure de la lutte avait sonné.

Le nihilisme est-il aussi dangereux qu'on le croit en France? Avant de répondre à cette question, il nous paraît utile d'étudier ceux qui défendent le gouvernement, après avoir examiné ceux qui l'attaquent.

III

Ceux-là, c'est-à-dire ceux qui le défendent, c'est la grande majorité. D'a-
bord et avant tout, les paysans, les
serfs nouvellement libres, les moujiks,
comme on les appelle en France. En
exagérant beaucoup, on arrive à compter cent mille nihilistes. Les serfs nouvellement émancipés se chiffrent par

vingt millions. Le paysan russe, s'il n'est pas conservateur, — je ne crois pas qu'il y ait de conservateurs en Russie,—est essentiellement tzariste et déiste.

C'est à dessein que nous écrivons le nom de Tzar avant celui de Dieu. Le paysan russe professe un respect plus réel pour le roi de la terre que pour celui du ciel. Dans les gouvernements de la Russie centrale, où les sectes religieuses pullulent, l'autorité du Tzar a été toujours sacrée. Les mêmes hommes qui nient absolument la religion chrétienne, ou qui la transforment de la façon la plus monstrueuse, sont des sujets soumis et obéissants. Une secte, par exemple, qui adore Napoléon 1er en qualité d'antechrist ou Dieu du mal, n'a jamais songé à discuter l'omnipotence terrestre du Tzar.

Les bienfaits de la liberté, que les paysans ont fini par apprécier et qu'ils doivent à l'initiative personnelle du souverain, ont fait de Sa Majesté Alexandre II l'idole de la majorité. Nous le disons sans aucune exagération. Supposons une chose inadmissible : que Sa Majesté l'Empereur, forcé de quitter Saint-Pétersbourg et Moscou, se réfugie dans n'importe quel gouvernement central : il y sera en sûreté, y trouvera une armée de défenseurs et pourra gouverner d'Yaroslaff, de Tver ou de Wladimir tout aussi despotiquement que de Saint-Pétersbourg.

De longtemps le nihilisme n'aura aucune influence sur les masses : les paysans, peu lettrés, ne s'occupant guère de politique, ignorent même son existence. C'est peut-être même à cette ignorance que les nihilistes doivent leur succès. Si les paysans croyaient le gouvernement du Tzar sérieusement menacé, ils courraient sus à ses adversaires. Mais dans les campagnes on est tellement persuadé de la toute-puissance de l'Empereur, qu'après un attentat pareil à celui de la semaine dernière les paysans sortent de l'église, où ils étaient allés remercier Dieu de leur avoir conservé un maître, en disant : « Quant à l'insensé sacrilége, notre père le Tzar saura le châtier. » Jamais il n'entrera dans l'idée d'un paysan qu'il y a un parti, une fraction de la nation russe contraire au Tzar.

L'assassin est toujours isolé. Dans ces conditions et à l'heure actuelle, le nihilisme nous paraît un danger social

digne sans doute de la plus sérieuse
attention, mais dont il ne faut pas exa-
gérer la portée. Même au cas où — ce
qu'à Dieu ne plaise — un attentat régicide réussirait, il ne changerait rien à
l'ordre des choses, et la majorité immense du peuple russe acclamerait le
successeur du tzar assassiné.

Il est impossible aux nihilistes de
pervertir, surtout dans un avenir rap-
proché, l'esprit des masses. Le paysan,
illettré, est peu discoureur; on parle
tant de langues en Russie qu'il fau-
drait, même avec une instruction triple
de celle qui existe, traduire les rêve-

ries nihilistes en trente idiômes dont la plupart n'ont ni grammaire ni littérature. Ceux qui comparent le mouvement russe à la révolution de 1789 ne savent probablement pas que, si les voix de Mirabeau ou de Robespierre ont trouvé un écho dans toutes les provinces françaises, celles de Bakounine ou de Nichiaeff n'ont aucune chance d'être comprises par les trois quarts de la population russe, qui ne parle pas russe.

On a prétendu, avec une sorte d'effroi admiratif, qu'un fonctionnaire allemand, condamné par les nihilistes, avait reçu sa sentence écrite en allemand, que le même cas s'était représenté pour des fonctionnaires polonais et georgiens.

Si le fait est vrai, il ne prouve qu'une seule chose : c'est qu'il y a parmi les nihilistes des gens assez intelligents pour avoir profité de la faculté proverbiale des Slaves : l'étude des langues. Ces hommes plus ou moins érudits se rencontrent toujours dans le milieu de la classe moyenne. Je ne crois qu'il y ait dix paysans parmi les nihilistes.

Nous espérons avoir réussi à démontrer que le gouvernement trouvera un appui solide dans la dernière classe de la population, c'est-à-dire dans sa majorité numérique. L'armée, c'est-à-dire la force réelle, sera tout aussi fidèle. L'armée a toujours été placée sur un piédestal par le gouvernement des tzars; le souverain, les princes et les grands, pour lui complaire, ont adopté l'uniforme, qui leur sert de costume quotidien. Tout ce qui est distingué en Russie est assimilé à l'armée, et c'est signe d'infériorité sociale, presque d'incapacité, que de ne pas avoir d'uniforme. Toute prérogative est sanctionnée par des galons. Les épaulettes sont en haut de l'échelle, mais le plus mince employé civil jouit du droit d'avoir un collet galonné d'or ou d'argent. Puissance essentiellement militaire, la Russie, par la volonté de ses souverains, s'est personnifiée dans son armée.

Depuis les dernières réformes, les priviléges jadis abusifs des militaires ont été, il est vrai, modifiés, mais ils sont encore restés tels qu'un autre régime ne pourrait que les diminuer. Les officiers savent cela ; quant aux soldats, la réduction récente de leur temps de service obligatoire les a complétement acquis au gouvernement. Soldats et officiers se feront tuer pour maintenir l'ordre de choses existant.

Au commencement de ce siècle, des révolutionnaires ont cependant réussi, nous dira-t-on, à soulever quelques régiments contre le tzar Nicolas. Les régiments révoltés s'attaquaient au souverain régnant et non au principe. Ils ont menacé le Palais d'hiver aux cris de : Vive Constantin ! Un fait pareil pourrait se reproduire encore à la rigueur, mais il ne servirait qu'à une révolution de palais. Les soldats russes,

même révottés contre l'Empereur, sou-
tiendront l'Empire.

La noblesse, elle aussi, est et restera
dévouée au régime impérial. Quoique
restreintes, ses prérogatives sont grandes encore : les réformes sont trop jeu-
nes pour être bien sensibles. C'est
parmi la noblesse que se recrutent les
principaux fonctionnaires, Il n'y a pas
encore eu d'exemple d'un grand personnage qui ne fût pas gentilhomme.
Les nobles triturent les affaires de
l'Etat, disposent des finances, des grâ-
ces. L'abandon des emplois infimes
aux classes moyennes n'a froissé que

les intérêts individuels. La noblesse soutiendra l'Empire, son intérêt l'y pousse : un nouveau régime, quel qu'il soit, ne peut que lui être fatal.

Nous regrettons de ne mettre le clergé qu'en dernier lieu parmi les défenseurs de l'ordre social en Russie. Le mariage des prêtres est cause que le clergé n'est pas exclusivement composé d'ecclésiastiques ; les fils des prêtres, jadis obligés par la force des choses à endosser la soutane, se sont vus, depuis les dernières réformes, libres de choisir leur carrière. Malheureusement, le clergé séculier n'était pas, en Russie, une caste privilégiée. Vaincu dans la lutte des patriarches et des tzars, le clergé, avec son influence, a vu crouler ses priviléges. Pauvres pour la plupart, les popes des villages se distinguaient peu des serfs et dépendaient des seigneurs, qui les faisaient vivre, les traitant un peu mieux que les intendants russes et beaucoup moins bien que leurs intendants étrangers. Les prêtres des villes, dédaignés par la noblesse, ne frayaient qu'avec les bourgeois et les marchands, à la caste desquels ils appartenaient d'ailleurs par leur éducation et l'état d'infériorité dans lequel on les laissait. Enfin, si les prêtres étaient encore respectés dans leur sacerdoce (à l'église au au cimetière), leurs femmes et leur fils étaient voués au mépris le plus absolu. Admis difficilement, même dans l'antichambre des nobles, traités légèrement par les marchands des deux premiers guildes, ils fraternisaient à peine avec les bourgeois. Ayant reçu chez leurs parents une teinte d'instruction, peu désireux d'endosser l'habit ecclésiastique, beaucoup de fils de prêtres, voyant les portes des universités ouvertes devant eux, s'y précipitèrent. Leurs études finies, ils se trouvèrent, comme les marchands et les bourgeois, sans place. Le principal contingent des premiers nihilistes fut recruté parmi les fils d'ecclésiastiques.

La solidarité traditionnelle, qui, a toujours existé entre le trône et l'autel, fera que les prêtres défendront l'ordre, mais leur enthousiasme sera singulièrement attiédi par l'attitude de leur entourage. Les priviléges du clergé ont toujours été insignifiants ; ce n'est pas pour les conserver que les prêtres combattront, et rien ne sera plus facile que de rendre leur attachement à l'Empire essentiellement platonique. Peu portés à combattre ni de l'épée ni de la parole, les prêtres resteront volontiers dans l'inactivité politique à laquelle ils sont condamnés depuis Pierre le Grand.

L'armée des défenseurs du gouvernement est, comme on le voit, beaucoup plus nombreuse que celle des nihilistes. Si nous appelons à notre aide les chiffres, nous pourrons affirmer que les révoltés ne sont qu'en proportion de un à mille.

D'un autre côté, si les nihilistes ont réussi à organiser quasi régulièrement leurs conciliabules, à courber leurs adeptes sous une certaine discipline (1), ils n'en sont pas moins très-inférieurs à l'armée comme discipline et organisation, aux paysans comme dévouement à leur cause.

Dans ces conditions, nous dira-t-on, la lutte n'est pas possible, et les attentats commis ne sont que des cas d'aliénation mentale. Malheureusement ce n'est pas notre avis.

Non-seulement du vivant de S. M.

(1) Organisation et discipline, nous dit-on, copiées sur l'organisation des comités insurrectionnels de Pologne en 1863.

l'Empereur, qui est adoré à juste raison par ses peuples, mais encore pendant trois générations au moins, une victoire des nihilistes nous paraît chose invraisemblable. Il n'en sera pas de même plus tard. Si les nihilistes continuent à jouir de leur liberté d'action, ils pourront, à un moment donné, égarer l'esprit des paysans, facilement prédisposés au mécontentement envers leurs anciens seigneurs.

Le paysan sait, nous l'avons déjà dit, qu'il doit sa liberté à l'intervention personnelle du Tzar, et il croit, non sans quelque raison, que cette liberté lui fut donnée contrairement à l'avis de la noblesse. De là une sorte d'irritation sourde, il est vrai, mais facilement inflammable. Or, le jour où le gouvernement, abandonné par les paysans et les nobles, occupés à s'entre-dévorer, restera seul avec l'armée, en face de la Révolution, ses chances de défaite deviendront autrement sérieuses qu'elles ne le sont aujourd'hui, d'autant plus que le clergé assistera à la lutte en se croisant les bras,

Toutefois, cette éventualité est éloignée. Les nihilistes sont trop clairsemés pour être sérieusement à craindre;

cependant mépriser le mouvement serait une faute grave. Les premiers révolutionnaires de France, les carbonari
italiens, n'étaient pas plus nombreux
que les nihilistes, et ils sont parvenus à
bouleverser l'ordre des choses dans leur
pays. Sans être imminent, le danger
est réel.

IV

Il serait toutefois inexact d'assimiler le danger couru par les nations européennes aux prises avec le socialisme à celui qui se présente en Russie. Les intérêts sont trop disparates, les nationalités trop hétérogènes pour qu'une idée révolutionnaire puisse être adoptée par la population entière de la Russie. Nous voyons cela de nos jours.

La nouvelle doctrine a pénétré d'u

bord dans les grands centres, foyers éternels du paupérisme, Pétersbourg, Moscou, Kieff, Kharkoff, Odessa, puis, s'étendant, elle a pris racine là seulement où le caractère des populations et leur histoire lui avaient apprêté un terrain favorable : les provinces de la petite et de la nouvelle Russie, jadis refuge de la licence cosaque, privées de leurs priviléges depuis un siècle seulement; quelques districts riverains du Volga, où la proximité du grand fleuve fait rêver de la liberté, voilà tout.

A la rigueur, le nihilisme pourrait gangrener quelques provinces polonaises, lithuaniennes ou caucasiennes ; là il ne vivrait jamais de sa propre existence et ne servirait que de prétexte à un mouvement séparatiste. Les gouvernements du centre, ce que l'on appelle la grande Russie et la Russie blanche, ne présentent et ne présenteront jamais aucun moyen d'action aux révolutionnaires. D'autres fléaux désolent ces contrées, les sectes religieuses.

Les sectaires cherchent une divinité à leur goût, et leur imagination demande une religion terrible, exigeante, despotique. Ils ne comprendront pas les ennemis de toute divinité, et se dresseront indignés, prêts à repousser les innovateurs par la parole et l'épée.

Les populations septentrionales sont trop clairsemées et habitent un pays trop sauvage pour que le nihilisme puisse y pénétrer de longtemps. Il y a, nous en sommes persuadé, des districts entiers du nord où on ignore non-seulement l'existence des nihilistes, mais encore leurs attentats.

Le grand-duché de Finlande, contrée civilisée, jouit de toutes les libertés d'un pays constitutionnel; la langue russe y est absolument inconnue. Ne voulant pas se mêler aux affaires intérieures de la Russie, autorisés à se tenir à l'écart par l'acte d'incorporation, ne désirant pas, grâce précisément à cet acte, se détacher de l'Empire, les Finlandais ferment leur porte à tout révolutionnaire; ils ne consentiraient même pas à l'écouter s'ils pouvaient le comprendre.

Les Allemands des provinces baltiques s'inspirent des idées de l'autre côté du Niémen; ils n'adopteront jamais une idée révolutionnaire russe. L'explosion du nihilisme pourrait cependant accélérer leur désir de s'annexer à l'empire d'Allemagne.

Enfin, les gouvernements de Kazan, Astrakan, Orenbourg, les steppes et les déserts, le Turkestan et la Sibérie méridionnale, pays hantés par des nomades ou habités par des musulmans, seront longtemps encore avant de comprendre quelque chose au nihilisme, à ses pompes et à ses œuvres.

Le nihilisme, qui sévit à Pétersbourg, Kieff ou Odessa et dans les gouvernements de Kharkoff, Tchernigoff, Poltava, peut avoir des ramifications à Varsovie, Vilna ou Tiflis ; mais, complétement impuissant à Wladimir, Vologda et Yaroslaff, il est inconnu dans le nord, en

Finlande, en Sibérie et [à l'orient.

Le brandon de la discorde, allumé sur un tout petit espace de l'immense empire russe par la millième partie de la population, ne saurait donc, comme nous espérons l'avoir démontré, faire éclater l'incendie ; mais il peut, à un moment donné, présenter un danger tout aussi sérieux : la disjonction, le morcellement de la Russie.

Depuis quelques années surtout, les Russes commencent à s'apercevoir que la cause principale de leur faiblesse relative, c'est l'étendue de leurs frontières. La grandeur de l'Empire gêne ses mouvements à l'extérieur et à l'intérieur. Il est difficile d'envoyer au loin une armée considérable, de peur de dégarnir les frontières. Il est tout aussi difficile d'administrer un pays qui s'étend de l'Océan glacial à l'Arménie et du Niémen au détroit de Tartarie ; surtout quand ce pays manque de routes, de canaux, de rivières navigables (1).

Ceux qui parlent d'une constitution

(1) A l'exception de l'Amour, tous les grands fleuves russes coulent du nord au sud ou du sud au nord, et non d'orient à l'occident, ou vice versa. Cette conformation rend d'autant plus difficile les communications dans un empire qui s'étend à plus de 10.000 kilomètres de l'est à l'ouest.

en Russie, d'élections de députés, etc.,
connaissent peu cet empire. Il y a
des provinces où deux cent mille habitants sont disséminés sur une étendue aussi grande que celle de la France
et sans moyens de communication entre eux à certaines époques de l'année ;
d'autres, tout aussi étendues, où il faut
un mois pour se rendre, n'importe par
quel moyen de locomotion, des districts
de l'ouest à ceux de l'est (districts dont
les habitants parlent deux langues dif-
férentes et ne se comprennent pas) (1).

(1) Perm, Viatka, Vologda, Arkhangel, To-
bolsk, Irkoutsk, Orenbourg, etc.

Comment les députés procéderaient-ils à leur élection, et comment se feraient-ils comprendre de leurs commettants? L'absence des routes entraîne inévitablement celle des postes ; comment l'élu pourrait-il correspondre avec ses électeurs? Les intérêts disparates, centralisés de par l'omnipotence du Tzar, se disjoindraient sous un autre gouvernement. Nous croyons, en toute sincérité, que la réunion d'éléments hétérogènes qui forment l'empire russe ne saurait subsister que sous le sceptre d'un Tzar autocrate.

Que dans un temps donné, fort

éloigné encore à notre avis, la Russie totalement transformée songe à modifier son gouvernement, ce sera peut-être son droit, nous n'en disconvenons pas. Aujourd'hui, la monarchie constitutionnelle serait aussi fatale à la puissance de la Russie qu'une République.

Il est du devoir de tout bon Russe, à notre sens, de s'opposer au progrès de la Révolution, car son triomphe entraînerait inévitablement la décadence de l'empire russe, sans pour cela faire avancer d'un pas la question sociale. Nous ne serions pas étonnné si les nihilistes étaient soutenus par les ennemis extérieurs et intérieurs de l'unité russe.

Les mesures nouvellement prises par le gouvernement sont sages, à notre avis. Châtier inexorablement les criminels du droit commun, sans établir toutefois une de ces persécutions générales, qui ne servent qu'à exalter les imaginations et à transformer les agitateurs en martyrs ; empêcher l'extension du nihilisme, qui, livré à lui-même, s'éteindra sous le mépris public, comme toutes les associations n'ayant pas de but avoué, ou procédant par des assassinats individuels ; Saint-Wœhm, illuminés, etc.

Le nihilisme est une plaie, il s'agit d'empêcher la gangrène ; il faut la panser, l'isoler, et, à la rigueur, tailler dans le vif pour sauver l'avenir du corps tout entier.

Paris. — Typ. Balitout, Questroy et Cᵒ, 7, rue Baillif.